글 김지현
이화여자대학교에서 공부하고, 현재 대학교에서 학생들을 가르치고 있습니다.
항상 아이들이 많이 상상하고 즐거워할 수 있는 동화를 쓰려고 노력하고 있답니다.
쓴 책으로는 〈잃어버린 뼈를 찾아서〉가 있습니다.

그림 양혜원
산업디자인을 전공했으며, 현재 '그림두루마리' 회원이자 그림책 일러스트레이터로 활동하고 있습니다.
그린 책으로는 〈마지막 박쥐 공주 미가야〉, 〈북 치는 꼬마 용사〉,
〈비가 올 거야, 눈이 올 거야〉, 〈엄마가 집을 비운 사이에〉 등이 있습니다.

감수 신항균
성균관대학교 대학원 수학과를 졸업했습니다.
공군사관학교와 우석대학교 교수를 역임했고,
미국 애리조나 주립대학교 수학과 교환교수로도 활동한 바 있습니다.
지금은 서울교육대학교 수학교육과 교수로 재직 중이며,
동 대학교 초등수학교육연구소장으로 있습니다.
또한 서울교육대학교 영재교육원 운영위원으로도 활동하고 있습니다.
초등학교와 중학교, 고등학교에 이르기까지 수학교과서 집필책임교수로 활동했고,
저서로는 〈수학사와 수학이야기〉, 〈클릭 수학나라〉, 〈영재들의 1등급 수학교실 시리즈〉가 있습니다.

2단계 묶어 세기 17
올빼미 아저씨네 경단 가게

글 **김지현** 그림 **양혜원** 감수 **신항균**
펴낸곳 **(주)아람키즈** | 펴낸이 **이소영** | 주소 **서울특별시 성동구 성수이로 147 아이에스비즈타워 2F**
고객센터 **1644-4521** | 팩스 **02-468-5548** | 홈페이지 **www.aramkids.co.kr** | 출판등록 **제2020-000011호**
기획 편집 디자인 **(주)아람키즈 하늘땅**
ISBN **979-11-6543-558-5 979-11-6543-509-7(세트)**

• 눈을 편안하게 해 주는 친환경 식물성 원료인 콩기름 잉크로 인쇄하였습니다.
▲ 책 모서리가 날카로워 다칠 수 있으니 사람을 향해 던지거나 떨어뜨리지 마십시오.
▲ 종이에 베이거나 긁힐 수 있으므로 주의해 주십시오.

올빼미 아저씨네 경단 가게

글 김지현 · 그림 양혜원 · 감수 신항균

아람키즈

경단 가게
꿀 경단
팥 경단

"왔어요, 왔어! 맛있는 팥 *경단이 왔어요.
입에서 *살살 녹는 꿀 경단이 왔어요."

올빼미 아저씨네 경단 가게가 문을 열었어요.
수북이 쌓인 경단에서 달콤한 냄새가 솔솔~.

올빼미 아저씨는 매일 팥 경단 50개,
꿀 경단 100개를 만들었어요.

팥 경단은 5개씩, 꿀 경단은 10개씩 ***봉지**에 담아 팔았지요.

꿀 경단

오늘도 올빼미 아저씨네 경단 가게는 손님들로 ***북적거렸어요**.

배고픈 고양이도 침을 꼴깍 삼켰지요.

'경단이 저렇게 많으니, 슬쩍 몇 개 먹어도 모르겠지?'

고양이는 팥 경단, 꿀 경단을 1개씩 훔쳐 먹었어요.

'히히! 내일도 와서 경단을 몰래 먹어야지.'

손님들이 돌아가고 나서
올빼미 아저씨는 머리를 갸웃거렸어요.
"거참, 이상하네. 5개씩, 10개씩 팔았는데
왜 팥 경단은 **4개**가 남고, 꿀 경단은 **9개**가 남지?"
아무리 세어 봐도 경단의 수가 하나씩 모자랐어요.

경단 가게
팥경단

다음 날도, 그다음 날도

팔 경단은 4개가 남고, 꿀 경단은 9개가 남았어요.

때마침, ***잔꾀** 많은 붉은여우가 끼어들었어요.

"음, 도둑이 팥 경단 1개와 꿀 경단 1개를 훔쳐 먹었군."

올빼미 아저씨는 붉은여우의 말에 깜짝 놀랐어요.

"그랬군. 도둑이 내 경단을 또 훔쳐 먹으면 어쩌지?"

올빼미 아저씨는 걱정이 되었어요.

붉은여우는 잠시 생각하더니 손뼉을 탁 쳤어요.

"*꼬챙이에 꽂으면 되지!

팥 경단은 **5개씩**, 꿀 경단은 **10개씩**
꼬챙이에 꽂아서 경단 꼬치로 파는 거야.
그러면 도둑이 1개씩 훔쳐 먹기 어려울 테니까."

"그거 좋은 방법이네!"
올빼미 아저씨는 고마워서 붉은여우에게
남은 경단을 선물로 주었어요.

올빼미 아저씨는 그날 밤에도 경단을 만들었어요.
그러고는 붉은여우가 일러 준 대로
팥 경단은 5개씩, 꿀 경단은 10개씩 꼬챙이에 꽂았어요.

"어디 한번 세어 볼까?
팥 경단은 5, 10, 15, 20, 25, 30, 35, 40, 45, 50. 모두 50개!"

"꿀 경단은 10, 20, 30, 40, 50, 60, 70, 80, 90, 100. 모두 100개!"

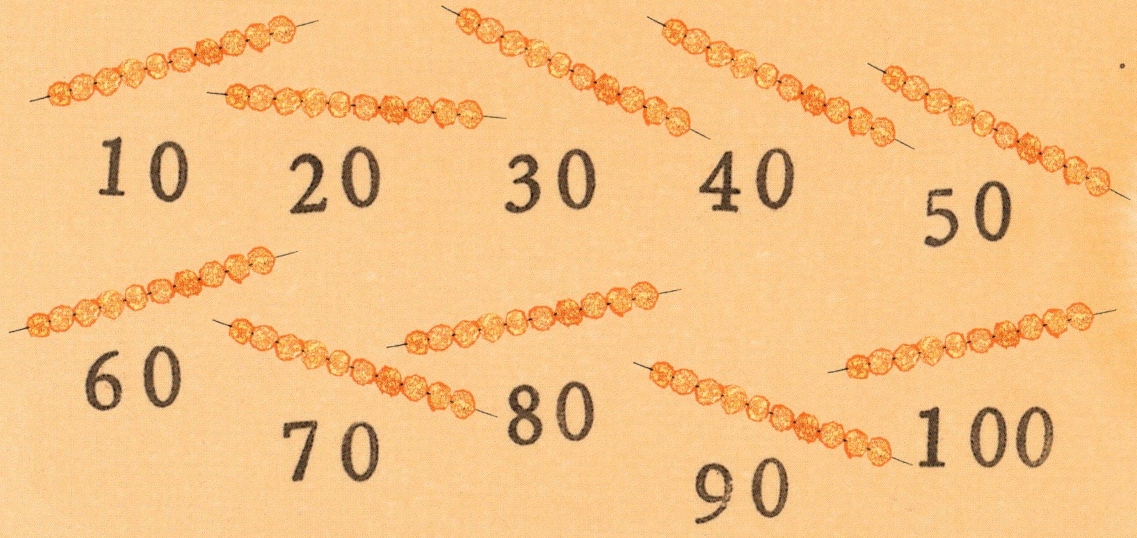

다음 날이 되었어요.

“왔어요, 왔어! 맛있는 팥 경단이 왔어요.

입에서 살살 녹는 꿀 경단이 왔어요.”

여전히 경단 가게는 손님들로 북적거렸지요.

그때 어디선가 큰 소리가 들렸어요.

"어이쿠!"

조금 뒤, 또 큰 소리가 들렸지요.

"아야!"

그건 바로 경단 도둑이 지른 소리였어요.

도둑이 누구였냐고요?

먼저 소리를 지른 건 잔꾀 많은 붉은여우였어요.

붉은여우는 꼬치를 몰래 숨겨서
도망치려다가
꼬치에 겨드랑이를 찔렸어요.

두 번째로 소리를 지른 건 배고픈 고양이였어요.

고양이는 꼬치 하나를 ***통째**로 삼키려다
그만 목에 걸리고 말았어요.

잔꾀 많은 붉은여우는 꽁지가
빠지게 달아났어요.
하지만 고양이는 도망치지 않고
싹싹 빌었지요.

"정말 잘못했어요! 너무 배가 고파서 그랬어요, 엉엉!"
고양이가 눈물을 뚝뚝 흘리며 말하자,

올빼미 아저씨는 고양이의 목에
걸린 꼬치를 빼 주었어요.
그리고 아저씨네 가게에서
일할 수 있게 해 주었지요.

경단 가게

고양이는 올빼미 아저씨를 도와서
팥 경단 5개, 꿀 경단 10개씩을 꼬챙이에 꽂아서 팔았어요.
경단을 도둑맞지 않으려고 틈틈이 꼬치를 세어 보곤 했지요.
그 뒤로 도둑은 ***얼씬거리지** 않았어요.

엄마가 보기

묶어 세기를 알아보아요

수 세기를 하다 보면 몇까지 세었는지 헷갈리기 쉽습니다. 아이들은 두 자리 수만 접하게 돼도 수 세기가 지루하고 어렵다고 느끼지요. 실제로 몇십, 몇백 이상의 큰 수를 하나하나 세려면 많은 시간이 필요합니다. 하지만 **5와 10 등으로 묶어서 큰 수를 세면, 하나씩 셀 때보다 쉽다**는 것을 알 수 있습니다.

예를 들어, 아주 많아 보이는 구슬도 5와 10으로 묶어 세면 몇 개인지 금방 셀 수 있지요. 아이와 함께 묶어 세기를 할 때는, 5개씩 묶어 세면 수가 5씩 커지고, 10개씩 묶어 세면 10씩 커진다는 점을 알려 주세요. 작은 수를 셀 때와 마찬가지로 큰 수를 셀 때도 손가락을 이용하면 좋습니다. 사람의 손가락 수와 같은 5와 10으로 묶어 세기를 익히고 나면 아이는 큰 수를 셀 때도 어렵지 않게 느낄 것입니다.

아이가 보기

경단이 자꾸만 사라져요

올빼미 아저씨네 경단이 하나씩 자꾸 없어졌어요.
그래서 팥 경단은 5개씩, 꿀 경단은 10개씩 꼬챙이에 꽂아서 팔게 되었어요.

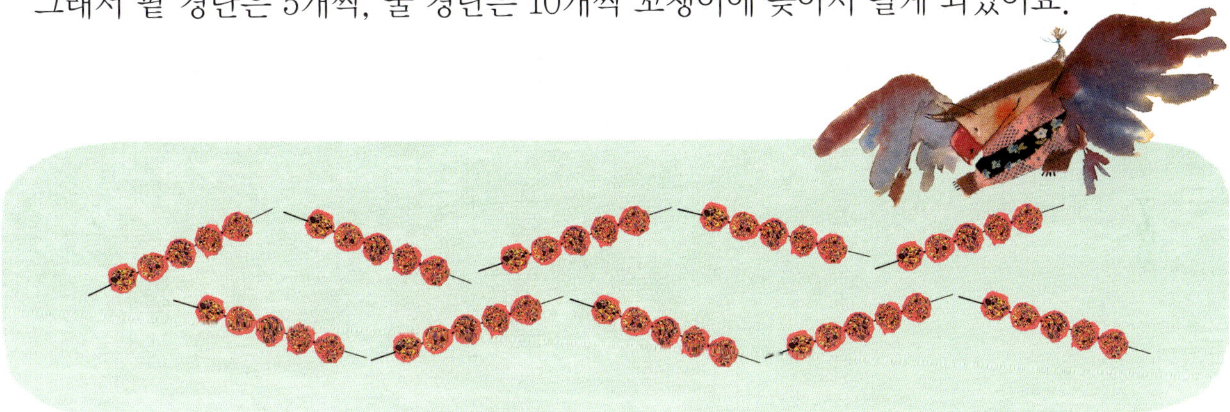

팥 경단을 5개씩 묶어서 세어 보면,
5, 10, 15, 20, 25, 30, 35, 40, 45, 50개!

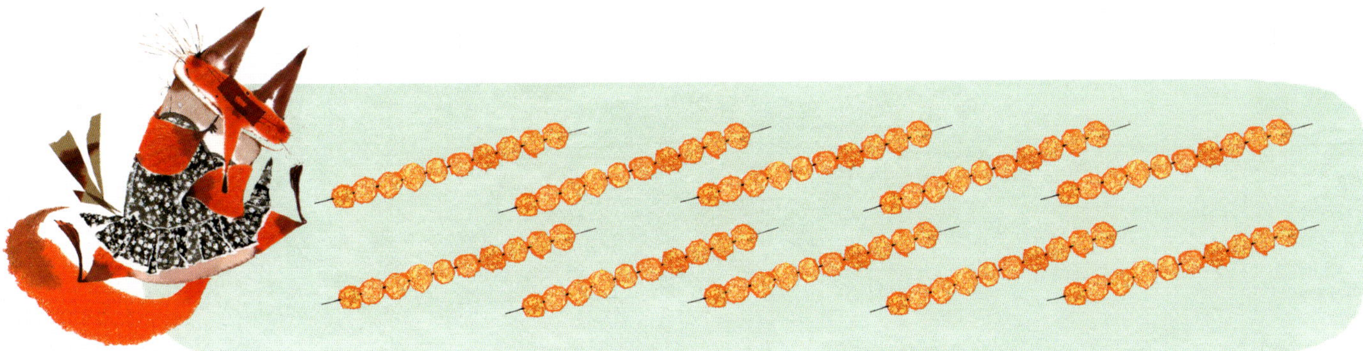

꿀 경단을 10개씩 묶어서 세어 보면,
10, 20, 30, 40, 50, 60, 70, 80, 90, 100개!

아이와 함께 하기

묶어서 세어 보아요

미미가 예쁜 종이학을 선물받았어요. 그런데 세고 또 세도 몇 개인지 헷갈려요.
5개씩 묶어서 세어 볼까요?

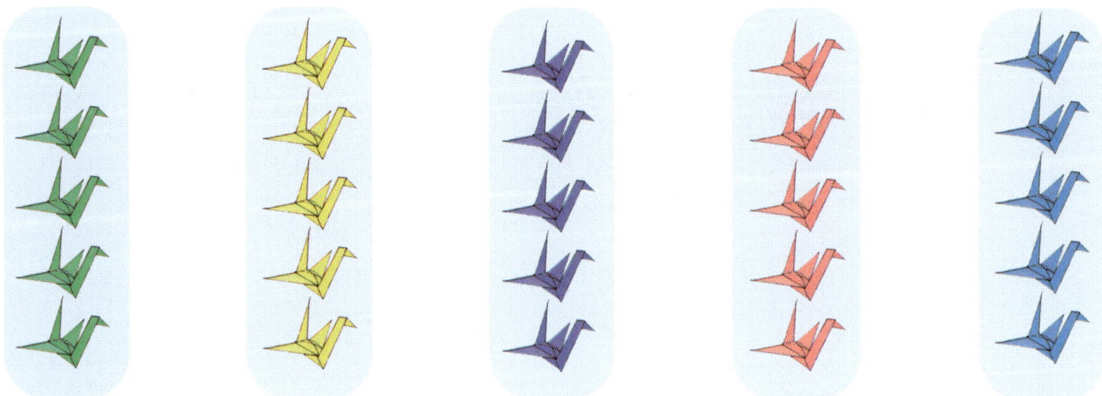

5개 → 10개 → 15개 → 20개 → 25개

쇠똥구리 형제가 부지런히 쇠똥을 굴려 쇠똥 경단을 만들었어요.
누가 더 많이 만들었는지 세어 볼까요?
먼저, 형이 만든 쇠똥 경단을 5개씩 묶어서 색연필로 그려 보아요.

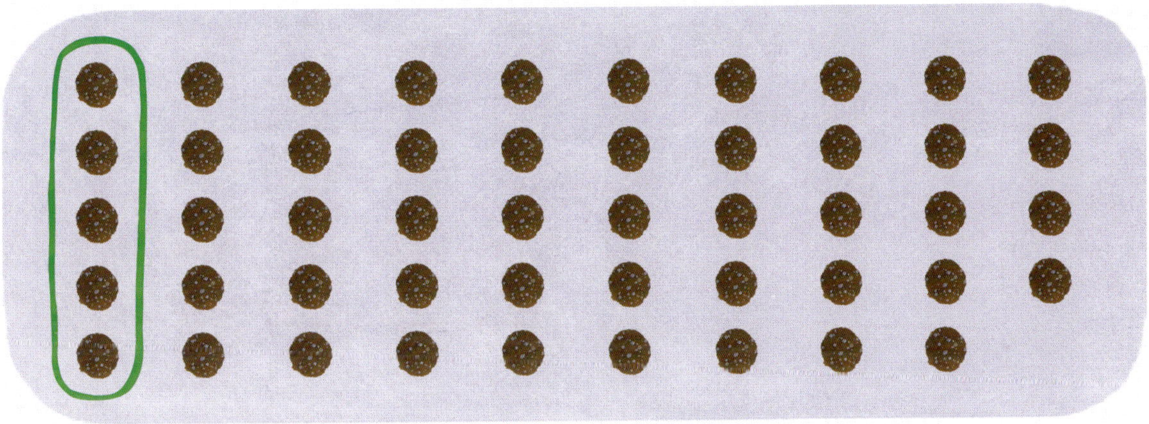

이번에는, 동생이 만든 쇠똥 경단을 10개씩 묶어서 색연필로 그려 보아요.

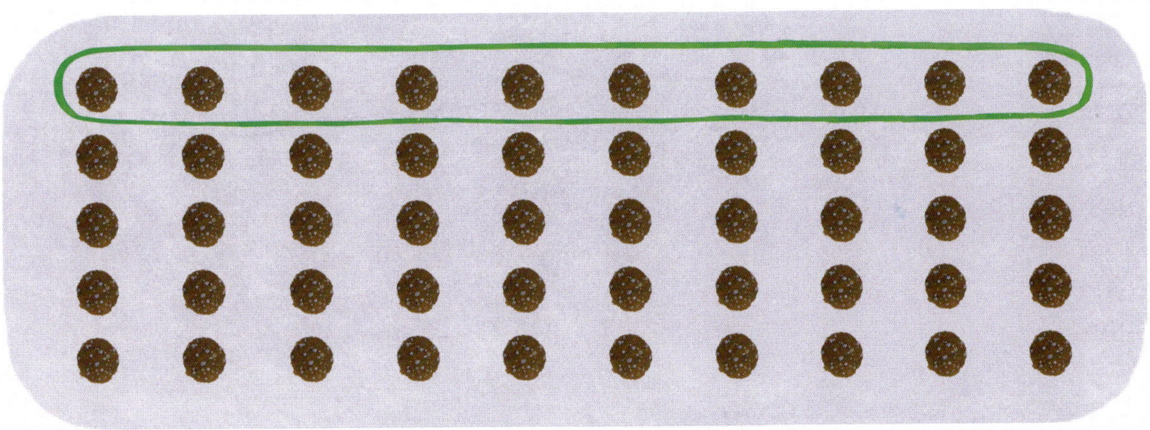